ENGLISH TEXTBOOK

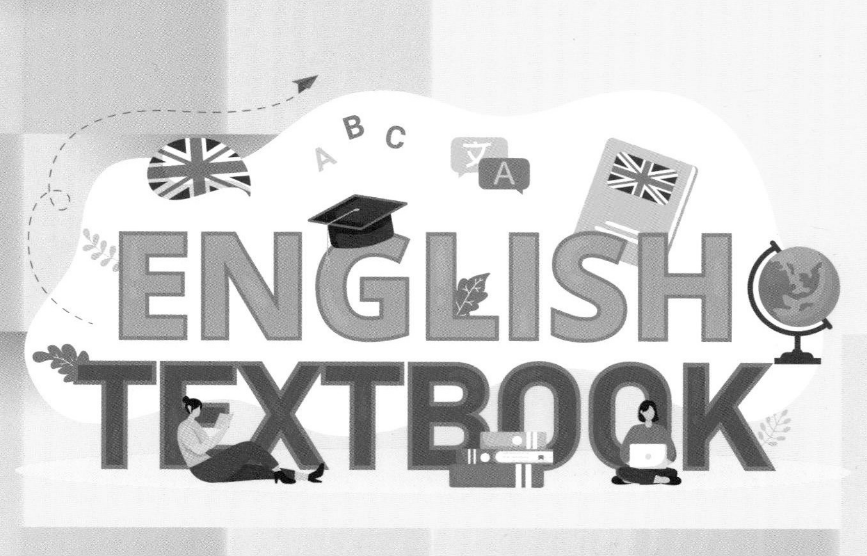
ABC
ENGLISH
TEXTBOOK

Tabel of Contents

주어 + 동사

☆인칭 대명사☆

	1인칭 단수	1인칭 복수	2인칭 단수/복수	3인칭 단수				3인칭 복수
주격 (~는, ~가)	I	We	You	he	she	it	Terry	they
소유격 (~의)	my	our	your	his	her	its	Terry's	their

- 나는 간다
- 나는 살아
- 나는 떠나
- 너는 간다
- 그는 간다
- 나는 먹어요
- 그녀는 울어
- 그들은 운전해
- 우리는 공부해
- 그는 쓴다

- I go
- I live
- I leave
- You go
- He goes
- I eat
- She cries
- They drive
- We study
- He writes

- Tom은 청소해
- 너는 읽는다
- Jane은 마셔
- 너희들은 이야기한다
- 그것은 잔다
- 그들은 봐
- 나는 사
- Terry는 일합니다
- 그녀는 걸어
- 우리는 사랑해

- Tom cleans
- You read
- Jane drinks
- You (guys) talk
- It sleeps
- They watch/see
- I buy
- Terry works
- She walks
- We love

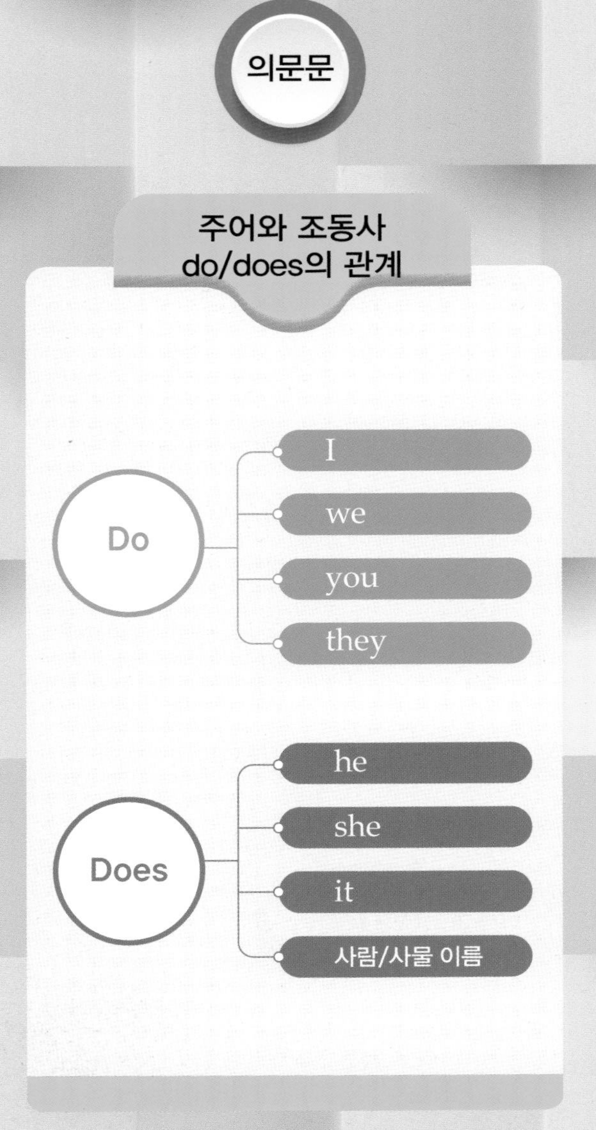

· 너는 가니?	· Do you go?
· 너는 자니?	· Do you sleep?
· 그는 가니?	· Does he go?
· Tom이 운전하니?	· Does Tom drive?
· 그들이 보니?	· Do they watch/see?
· 그것이 살아?	· Does it live?
· 당신들은 먹어요?	· Do you (guys) eat?
· 그녀가 걷니?	· Does she walk?
· 너는 읽어?	· Do you read?

· Jaen이 써?	· Does Jane wirte?
· 그들이 이야기하니?	· Do they talk?
· 그가 울어?	· Does he cry?
· 그것이 자요?	· Does it sleep?
· 너는 좋아해?	· Do you like?
· Tom은 가지고 있어?	· Does Tom have?
· 내가 먹니?	· Do I eat?
· 우리가 일하니?	· Do we work?
· Jane이 보니?	· Does Jane watch/see?
· 그가 공부하니?	· Does he study?
· 그들이 마셔요?	· Do they drink?
· 그녀가 사랑하니?	· Does she love?

· 나는 안 가요	· I don't go
· 나는 알지 않아 (몰라)	· I don't know
· Terry는 안 걸어	· Terry doesn't walk
· 그는 안 잡니다	· He doesn't sleep
· Jane은 운전 안 해요	· Jane doesn't drive
· 그들은 공부 안 해	· They don't study
· 그녀는 안 봐	· She doesn't watch/see
· 우리는 안 마셔	· We don't drink
· 너는 안 가지고 있어	· You don't have
· Tom은 공부하지 않아	· Tom doesn't study
· 그것이 안 먹어	· It doesn't eat

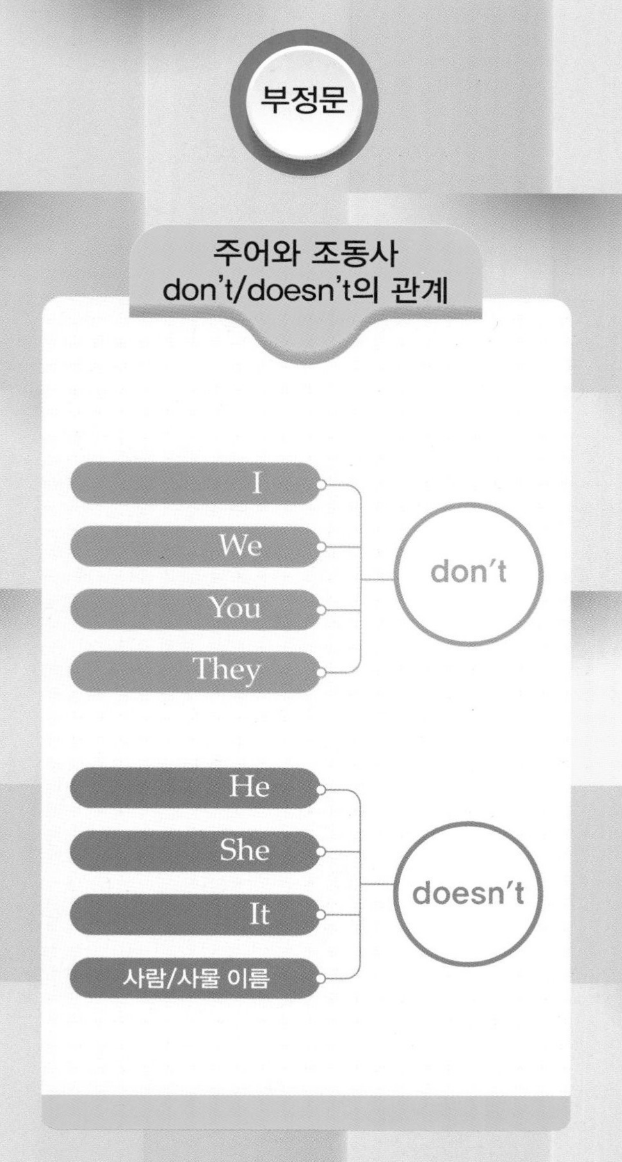

· 너는 일하지 않는다	· You don't work
· 그들은 안 배운다	· They don't learn
· 그는 안 판다	· He doesn't sell
· Jane은 이야기하지 않아	· Jane doesn't talk
· 그녀는 일하지 않아요	· She doesn't work
· 그는 안 읽어요	· He doesn't read
· Terry는 (글을) 안 쓴다	· Terry doesn't write
· 그들은 안 좋아해	· They don't like
· 그녀는 안 가지고 있어	· She doesn't have
· 그가 안 사요	· He doesn't buy
· 너는 생각하지 않아	· You don't think
· 그는 확인하지 않습니다	· He doesn't check

목적격 인칭 대명사

나를	me
우리를	us
너를	you
너희들을	you(guys)
그를	him
그녀를	her
그것을	it
그들을	them

- 나는 마셔요 / 물을
- I drink water.
- 나는 먹어요 / 아침을
- I eat(have) breakfast.
- 그들은 먹어요 / 고기를
- They eat meat.
- 나는 공부해요 / 수학을
- I study math.
- 그녀는 읽어요 / 신문을
- She reads a newspaper.
- Jane은 공부해요 / 영어를
- Jane studies English.
- 그는 운전해 / 택시를
- He drives a cab.
- 너희들은 좋아해 / 그녀를
- You(guys) like her.
- 그는 좋아해 / 나를
- He likes me.
- 나는 좋아해 / Jane을
- I like Jane.

목적격 인칭 대명사

나를	me
우리를	us
너를	you
너희들을	you(guys)
그를	him
그녀를	her
그것을	it
그들을	them

- 너는 좋아해 / 그들을
- 그들은 좋아해 / 우리를
- 나는 알아 / 너희들을
- 우리는 알아 / 그것을
- 나는 좋아해 / 축구를
- 그녀는 가지고 있어 / 긴 머리
- 그녀는 사랑해 / 그를
- 나는 가지고 있어 / 스마트폰을
- 나는 필요해 / 관광 가이드가

- You like them.
- They like us.
- I know you(guys).
- We know it.
- I like soccer(football).
- She has long hair.
- She loves him.
- I have a smartphone.
- I need a tour guide.

빈도부사

항상	always
자주	usually
보통	often
가끔	sometimes
드물게	rarely
절대	never

- 그는 항상 먹는다 / 아침을
- Terry는 항상 읽는다 / 책을
- 나는 자주 마신다 / 커피를
- 그들은 자주 마신다 / 물을
- 나는 보통 탄다 / 자전거를
- 나는 가끔 먹는다 / 초콜릿을
- 그녀는 드물게 탄다 / 택시를
- 너는 절대 안 본다 / 영화들을

- He always eats breakfast.
- Terry always reads a book.
- I usually drink coffee.
- They usually drink water.
- I often ride a bike.
- I sometimes eat chocolate.
- She rarely takes a cab.
- You never watch movies.

주동목 의문문

· 너는 마시니? / 주스를	· Do you drink juice?
· 너는 마시니? / 커피를	· Do you drink coffee?
· 너는 마셔? / 녹차를	· Do you drink green tea?
· 그는 먹니? / 아침을	· Does he eat(have) breakfast?
· 그는 자주 먹어? / 김치를	· Does he usually eat Kimchi?
· 그녀가 좋아해? / 너를	· Does she like you?
· 당신은 좋아합니까? / 영어를	· Do you like English?

주동목 의문문

- Terry는 좋아하니? / 과학을
- Does Terry like science?

- 그녀가 아니? / 그걸
- Does she know it?

- 너는 공부해? / 한국 역사를
- Do you study Korean history?

- 그녀는 가지고 있어? / 카메라를
- Does she have a camera?

- 너는 가지고 있어? / 스마트폰을
- Do you have a smartphone?

- Tom은 항상 만나? / Jane을
- Does Tom always meet Jane?

- 너는 필요 하니? / 배낭이
- Do you need a backpack?

주동목 부정문

- 나는 안 마셔요 / 커피를
- I don't drink coffee.

- 그들은 안 먹어 / 점심을
- They don't eat lunch.

- 모든 학생들은 안 좋아해요 / 수학을
- All students don't like math.

- 대부분의 아이들은 안 먹어 / 야채를
- Most children don't eat vegetables.

- 그는 안 좋아해요 / 이것들을
- He doesn't like these.

- Terry는 몰라요 / 그것을
- Terry doesn't know that.

- 그녀는 안 가지고 있어 / 연필을
- She doesn't have a pencil.

주동목 부정문

· 모든 사람들은 안 좋아해 / 저것을	· Everyone doesn't like that.
· 나는 몰라 / 그들을	· I don't know them.
· 그녀는 사랑하지 않아요 / Tom을	· She doesn't love Tom.
· 나는 안 본다 / 마블 영화들을	· I don't watch Marvel movies.
· 그는 절대 안 쓴다(작곡하다) / 노래들을	· He never writes songs.
· 너는 미워하지 않아 / 우리들을	· You don't hate us.
· Jane은 체크하지 않아 / 이메일들을	· Jane doesn't check e-mails.

Step 1. EXERCISE

1. 너는 간다 1. ____________________

2. Tom은 일해 2. ____________________

3. 그는 쓴다 3. ____________________

4. Jane은 마셔 4. ____________________

5. 그녀는 울어 5. ____________________

6. 그는 영어를 배우니? 6. ____________________

7. 그녀가 나를 좋아하니? 7. ____________________

8. 그들이 보니? 8. ____________________

9. 너는 읽어? 9. ____________________

10. Tom이 운전하니? 10. ____________________

11. 우리는 걷니? 11. ____________________

12. 당신들은 먹어요? 12. ____________________

13. 너는 생각하지 않아 13. ____________________

14. 그는 안 읽어요 14. ____________________

15. 나는 안 사요 15. ____________________

16. 나는 자주 자전거를 탄다.
16. ______________________________

17. 너는 절대 영화를 안 본다.
17. ______________________________

18. 그는 항상 아침을 먹는다.
18. ______________________________

19. 그녀는 택시를 거의 안 타.
19. ______________________________

20. 너는 배낭이 필요하니?
20. ______________________________

21. 너는 스마트폰을 가지고 있니?
21. ______________________________

22. Tom은 항상 Jane을 만나?
22. ______________________________

23. 모든 아이들은 야채들을 안 먹어.
23. ______________________________

24. 나는 돈을 안 가지고 있어.
24. ______________________________

25. 대부분의 학생들은 수학을 안 좋아해요.
25. ______________________________

Step 2 숙어와 동사 과거형

- 나는 본다 / 그녀를
- 나는 찾는다 / 그것을
- 나는 돌본다 / 그를
- 나는 기다린다 / 그녀를
- 나는 듣는다 / 그것을
- 나는 생각한다 / 너를
- 나는 꿈꾼다 / 그것을
- 나는 돌본다 / 그녀를
- 나는 응시한다 / 그녀를
- 나는 요구한다 / 그것을
- 나는 비웃는다 / 그를
- 나는 기대한다 / 그것을

- I look at her.
- I look for it.
- I look after him.
- I wait for her.
- I listen to it.
- I think of you.
- I dream of it.
- I take care of her.
- I stare at her.
- I call for it.
- I laugh at him.
- I look forward to it.

숙 어

- 우리는 생각해 / 그를
- We think of him.
- 그는 기다려 / 그녀를
- He waits for her.
- 너는 들어? / 그것을
- Do you listen to it?
- Terry는 응시하니? / 그녀를
- Does Terry stare at her?
- 모든 사람은 꿈꿔 / 그것을
- Everybody dreams of it.
- 그녀가 비웃어? / 나를
- Does she laugh at me?
- 너는 가끔 꿈꾸니? / 그것을
- Do you sometimes dream of it?

숙 어

- Jane은 자주 돌봐 / 그를
- 그는 안 찾아 / 그것을
- Tom이 요구한다 / 그것을
- 나는 안 들어 / 이것을
- 그녀는 기대하니? / 그것을
- 나는 항상 생각해 / 우리 중 몇몇을
- Mike는 봐 / 저것을

- Jane usually takes care of him.
- He doesn't look for it.
- Tom calls for it.
- I don't listen to this.
- Does she look forward to it?
- I always think of some of us.
- Mike looks at that.

과거형

- 나는 갔다 · I went
- 나는 잤다 · I slept
- 나는 울었어요 · I cried
- 나는 살았다 · I lived
- 나는 이야기했다 · I talked
- 나는 일했다 · I worked
- 나는 걸었다 · I walked
- 나는 생각했다 · I thought

과거형

- 나는 기다렸다
- 나는 앉았다 (sit down)
- 나는 달아났어 (run away)
- 나는 (잠에서) 깼다 (get up/wake up)
- 나는 나갔어 (go out)
- 나는 일어섰다 (stand up)
- 나는 등장했다 (나타났다) (show up)
- 나는 비명을 질렀다 (cry out)

- I waited
- I sat down
- I ran away
- I got up / I woke up
- I went out
- I stood up
- I showed up
- I cried out

과거형

- 그녀는 보냈어요 / 그 문자 메시지들을
- 나는 미워했어 / 모든 학생들을
- 그 개가 마셨어 / 우유를
- 그 새가 날았어
- 나는 봤어 / 그것들을
- 그 고양이가 먹었어 / 생선을
- 모든 사람이 (운동을) 했어 / 야구를
- 나는 전화했어 (불렀어) / 너에게 (너를)

- She sent the text messages.
- I hated all students.
- The dog drank milk.
- The bird flew.
- I saw them.
- The cat ate fish.
- Everyone played baseball.
- I called you.

과거형

- 그들 둘 다 읽었어 / 그 책을
- Bothe of them read the book.
- 그 학생은 때렸다 / 나를
- The student hit me.
- 나는 운전했어 / 그 트럭을
- I drove the truck.
- 그 고양이들이 나갔어
- The cats went out.
- 그는 됐어 / 의사가
- He became a doctor.
- 그들은 도왔어 / 서로를
- They helped each other.
- 그 남자는 벌었어 / 100달러를
- The man earned 100 dollars.

- 그 차는 (비용이) 들었어 / 3,000만원
- The car cost 30,000,000 (thirty million) won.

과거형 의문문 / 부정문

- 너는 만났니? / 내 친구를
- Did you meet my friend?
- 그녀가 되었니? / 디자이너가
- Did she become a designer?
- 그들 대부분이 울었니?
- Did most of them cry?
- 그가 가지고 있었니? / 그의 돈을
- Did he have his money?
- 너는 받았니? / 그들의 선물을
- Did you get their gift(s)?
- 그녀가 자주 읽었니? /이 책을
- Did she usually read this book?
- 그가 응시냈니? / 그 여자아이를
- Did he stare at the girl?
- 너희들 모두 들었니? / 그 이야기를
- Did all of you hear the story?

과거형 의문문 / 부정문

- 그가 했니? / 그의 숙제를
- 나는 안 갔다 .
- 그는 이야기하지 않았다 .
- 그녀는 일하지 않았다 .
- 그의 누나는 먹지 않았어 / 저 피자를
- 그녀는 안 좋아했어 / 돼지고기를
- 나는 안 읽었어 / 그 기사를
- 그는 사랑하지 않았어 / 그 자신을

- Did he do his homework?
- I didn't go.
- He didn't talk.
- She didn't work.
- His sister didn't eat that pizza.
- She didn't like pork.
- I didn't read the article.
- He didn't love himself.

can / could / would

· 나 좀 도와줄래?	· Can / Will you help me?
· 저를 도와주시겠어요?	· Could / Would you help me? (공손한 표현)
· 그것을 주시겠어요? / 저에게	· Could / Would you give it to me?
· 문을 닫아주시겠어요?	· Could / Would you close the door?
· 와 주시겠어요? / 제 결혼식에	· Could / Would you come to my wedding?
· 설거지 해 주시겠어요?	· Could / Would you wash the dishes?

· 내 강아지 좀 봐주시겠어요?	· ______________________
· 나 좀 기다려 줄래?	· ______________________
· 내 말 좀 들어봐 줄래?	· ______________________
· 내 전화기 좀 찾아봐 줄래?	· ______________________
· 날 비웃지 말아 줄래?	· ______________________

Step 2. EXERCISE (숙어)

1. 너는 그것을 기대하니?

2. 우리는 그 책을 안 찾았어.(과거)

3. 너는 그 음악을 자주 들어?

4. 우리 엄마는 항상 그것을 요구한다.

5. 모든 사람이 그것을 꿈꿨니?(과거)

6. 너는 가끔 그것을 꿈꾸니?

7. 내 남동생은 절대 힙합을 안 들어.

1. ______

2. ______

3. ______

4. ______

5. ______

6. ______

7. ______

8. Jane은 보통 그의 아기를 돌봐.

8.

9. Terry가 그녀를 응시했니? (과거)

9.

10. 그들이 나를 비웃었어? (과거)

10.

11. 우리는 항상 그들을 생각해.

11.

12. 그는 Jane을 기다리니?

12.

13. Tom은 나를 봤어. (과거)

13.

14. 우리 중 몇몇은 항상 너를 생각해.

14.

Step 2. EXERCISE (과거형)

1. 내 친구가 그 책을 읽었다.
2. 네가 비명을 질렀니?
3. 그 개는 달아났다.
4. Terry는 영어를 가르쳤어요.
5. 그들 대부분은 잤다.
6. Jane은 이 책을 자주 읽었어.
7. 너의 아빠가 저 버스를 운전했니?

1. ____________________
2. ____________________
3. ____________________
4. ____________________
5. ____________________
6. ____________________
7. ____________________

8. Terry는 절대 그 여자애를 응시하지 않았어. 8.

9. 너는 나의 선물을 받았니? 9.

10. 네가 저 피자를 만들었니? 10.

11. 그녀가 야구공을 던졌어? 11.

12. 그녀의 오빠가 나갔니? 12.

13. Tom이 10,000원을 벌었니? 13.

14. 우리 들 중 아무도 저 학생을 때리지 않았어요. 14.

15. 그들은 축구 선수가 안 됐어. 15.

Step 3 장소 전치사

~(으)로, ~에게

to church

to school

to work

to me

- 나는 갔어 / 학교에
- 나는 갔다 / 교회에
- 나는 갔어요 / 직장에
- 그는 이야기했어 / 나에게
- 그 사고가 발생했어 / 그녀에게
- 그는 속해요 / 그 그룹에
- 그녀는 운전해서 갔어 / 직장에
- 내 친구는 걸어간다 / 학교에
- 그는 보낸다 / 편지들을 / 그들에게
- 나는 줬어 / 그 가방을 / 내 친구에게
- 그 남자는 데려다 줬어 / 나를 /이 호텔에
- 그는 (운전해서) 데려다 줬어 / 그 환자를 / 저 병원에
- 그는 갈아탔어 /이 버스로

- I went to school.
- I went to church.
- I went to work.
- He talked to me.
- The accident happened to her.
- He belongs to the group.
- She drove to work.
- My friend walks to school.
- He sends letters to them.
- I gave the bag to my friend.
- The man took me to this hotel.
- He drove the patient to that hospital.
- He transferred to this bus.

~(으)로 부터

from home

from Korea

from you

· 나는 왔어요 / 집에서

· I came from home.

· 그는 살아요 / 멀리 / 그 지하철 역에서부터

· He lives far from the subway station.

· 그녀는 갈아 탔어요 / 1호선에서 / 4호선으로

· She transferred from line 1 to line 4.

· 나는 왔어요 / 한국에서

· I came from Korea.(I'm from Korea.)

· 우리는 배워요 / 영어를 / 너에게 (로부터)

· We learn English from you.

~[공간 안]에(서)

in Korea

in a bank

in my room

in the classroom

- 나는 산다 / 한국에
- 그는 산다 / 중국에
- 그녀는 살아 / 필리핀에
- 그들은 자랐어 / 미국에서
- 그들의 대부분은 일한다 / 은행에서
- 그는 울었어 / 그의 방에서
- Tom은 잤어 / 그의 차에서
- 그녀는 항상 앉아 / 그 의자에
- Jane은 보통 공부한다 / 영어를 / 그녀의 방에서
- 내 남동생은 먹었어 / 점심을 / 그 레스토랑에서
- Terry는 마셨어 / 커피를 / Mike 의 사무실에서

- I live in Korea.
- I live in China.
- She lives in the Philippines.
- They grew up in the States.
- Most of them work in a bank.
- He cried in his room.
- Tom slept in his car.
- She always sits in the chair.
- Jane often studies English in her room.
- My brother had lunch in the restaurant.
- Terry drank coffee in Mike's office.

~[공간의 지점]에(서)

at the bus stop

at my desk

at work

· 나는 기다렸어요 / 그 버스정류장에서	· I waited at the bus stop.
· 나는 일했어 / 저 책상에서	· I worked at the desk.
· 그는 만났어 / 그녀를 / 그 공항에서	· He met her at the airport.
· Tom은 샀다 / 그 책들을 /이 서점에서	· Tom bought the books at this bookstore.
· Jane은 읽었다 / 그 기사를 / 직장에서	· Jane read the article at work.
· 나는 봤어요 / 그 경기를 / 학교에서	· I watched the game at school.
· 나는 불렀어요 / 노래들을 / 교회에서	· I sang songs at church.

~[위]에(서)

on the floor

on the playground

on the wall

- 나는 앉았어요 / 그 마루바닥에
- I sat on the floor.

- 그들은 가끔 했다 / 축구를 / 그 운동장에서
- They sometimes played soccer on the playground.

- 그 가수는 불렀어 / 노래들을 / 그 무대에서
- The singer sang songs on the stage.

- 그는 놓았어 / 그 사과들을 / 그 테이블에
- He put the apples on the table.

- 그녀는 지었어 / 두 호텔을 / 그 땅에
- She built two hotels on the land.

- 어떤 사람이 그렸어 / 내 얼굴을 / 그 벽에
- Someone drew my face on the wall.

부사격

Here

there

abroad

home

next door

- 그녀가 나타 났어 / 여기에
- 그는 걸어 갔어 / 집에
- 그녀는 산다 / 옆집에
- 그들 중 몇몇은 일 했어 / 해외에서
- 나는 했어 / 내 숙제를 / 거기에서
- 그녀의 차가 고장 났어 / 저기에서
- 그는 항상 (걸어서) 데려다 줘 / 나를 / 집에
- 각 사람은 샀어 / 편도 티켓을 / 여기에서

- She showed up here.
- He walked home.
- She lives next door.
- Some of them worked abroad.
- I did my homework there.
- Her car broke down over there.
- He always walks me home.
- Each person bought a one-way ticket here.

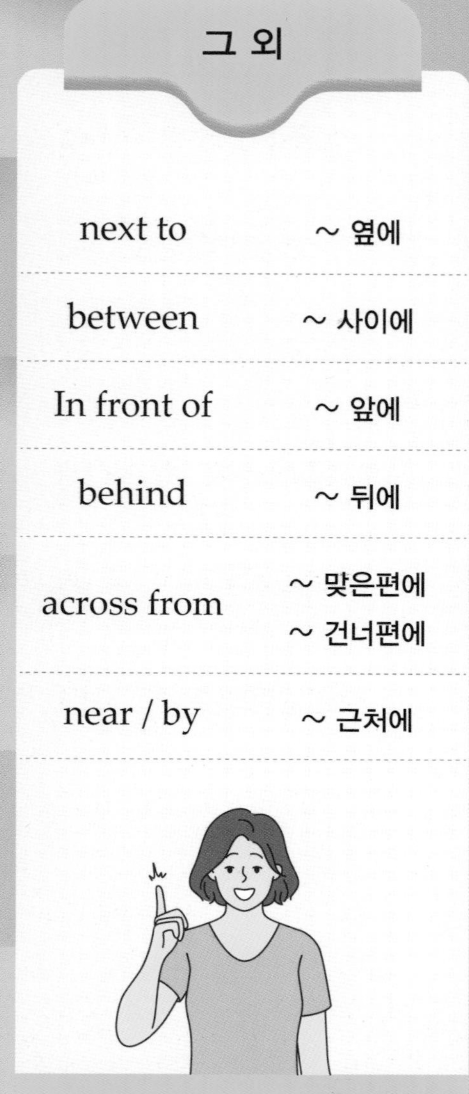

그 외

next to	~ 옆에
between	~ 사이에
In front of	~ 앞에
behind	~ 뒤에
across from	~ 맞은편에 ~ 건너편에
near / by	~ 근처에

- 그는 서 있었어 / 내 옆에
- He stood next to me.

- 나는 주차를 했어 / 승용차와 벤 사이에
- I parked between a sedan and a van.

- 그녀는 걸었어 / 내 앞에서
- She walked in front of me.

- 나는 기다렸어 / 주차장 뒤에서
- I waited behind the parking lot.

- (그곳은 / 그것은) 편의점 건너편에 있습니다.
- It's across from the convenience store.

- 우리 학교 근처에 있습니다.
- It 's near / by my school.

Step 3. EXERCISE 1

1. 그녀는 병원에 운전해서 갔어. 1. ______________________

2. 그 사고가 너에게 발생했니? 2. ______________________

3. 그들은 우리에게 이야기했어. 3. ______________________

4. 당신은 그 그룹에 속해있나요? 4. ______________________

5. 내 여동생은 그녀의 방에서 숙제했어. 5. ______________________

6. 그녀는 절대 그 의자에 앉지 않아. 6. ______________________

7. 그들은 필리핀에 사니? 7. ______________________

8. Terry는 미국에서 자랐어. 8. ______________________

9. 그는 그 버스 정류장에서 기다렸나요? 9. ______________________

10. 그는 그 공항에서 일했어.

10. ____________________

11. 나는 저 책상에서 책을 읽었어.

11. ____________________

12. 우리는 그 마루바닥에서 잤어요.

12. ____________________

13. 네가 이 벽에 이것을 썼니?

13. ____________________

14. 그들이 그 땅에 두 집을 지었어.

14. ____________________

15. 내 남동생은 집에 뛰어갔어.

15. ____________________

16. 나는 저기에서 점심을 먹었어.

16. ____________________

17. 너의 아빠가 항상 너를 집에 (걸어서) 데려다 주니?

17. ____________________

18. 우리 모두 해외에서 영어를 공부했어

18. ____________________

장소 전치사

- 나는 조준했다 / 그 카메라를 / 내 발에 (point at~)
- 그는 봤다 / 그 차를 / 그 창문을 통해서 (see something through ~)
- 우리의 대부분은 살아 / 중심가에서 떨어져서 (live off ~)
- 한 남자아이가 걸어갔다 / 그 계단들 위로 (walk up ~)
- 나는 그 영화를 봤어 / TV에서 (on ~)
- 우리는 얻어 / 어떤 에너지를 / 태양으로부터 (get something from ~)
- 그녀는 앉았어 / 그 창문 곁에 (by ~)
- 우리 엄마는 머물지 않았어 / 그 부엌의 밖에 (out of ~)
- Tom은 밀어 넣었다 / 그것들의 모두를 / 그 단지 안으로 (push into ~)

- I pointed the camera at my feet.
- He saw the car through the window.
- Most of us live off the main street.
- A boy walked up the stairs.
- I watched the movie on TV.
- We get some energy from the sun.
- She sat by the window.
- My mom didn't stay out of the kitchen.
- Tom pushed all of them into the jar.

장소 전치사

- 그는 운반했어 / 그것들의 반을 / 그 계단들 아래로 (carry something down ~)
- He carried half of them down the stairs.
- 그의 차가 달렸어 / 과속방지턱을 넘어 (run over ~)
- His car ran over the speed bump.
- 그들은 걸어왔어 / 집에 / 그 버스정거장부터 (walk from~)
- They walked home from the bus stop.
- 그는 왔어 / 여기에 / 지하철로 (by ~)
- He came here by subway.
- 나는 도달했다 / 그 호텔에 / 걸어서 (on foot)
- I reached the hotel on foot.
- Jane은 주차했어 / 그녀의 차를 / 그 펜스 바깥쪽에 (outside ~)
- Jane parked her car outside the fence.
- 대부분의 식물들은 자란다 / 태양쪽으로 (towards ~)
- Most plants grow towards the sun.
- 아무도 안 올랐어 / 그 산 위로 (climb up~)
- Nobody climbed up the mountain.

Step 3. EXERCISE 2

1. 그는 사과들을 그 계단 아래로 운반했어. 1. ______

2. 나는 캔디를 교회에서 (부터) 얻어. 2. ______

3. 한 남자애가 그 산을 걸어 올라갔어. 3. ______

4. 우리는 Terry에게 영어를 배워. 4. ______

5. 그들은 그 강 (river) 곁에서 놀았니? 5. ______

6. 나의 가족은 도시 (city) 에서 떨어져서 살아. 6. ______

7. 너는 네 손가락 (finger)을 나에게 조준했어. 7. ______

8. 그는 그 책을 통해서 미래 (the future)를 봤다. 8. ______

9. 너는 TV에서 그 영화를 봤니?

9. ______________________________

10. 나는 가끔 그 산을 올라.

10. ______________________________

11. 그녀는 야구공을 우리 쪽으로 던졌다.

11. ______________________________

12. 아무도 걸어서 정상에 (the top) 도달하지 못했어.

12. ______________________________

13. 나의 아빠는 그의 차를 그 벽 바깥쪽에 댔어.

13. ______________________________

14. 너는 여기에 택시로 왔니?

14. ______________________________

15. 나는 절대 그 버스정거장에서부터 집에 안 걸어가

15. ______________________________

16. Jane이 그것들 모두를 이 트럭 안으로 밀어 넣었니?

16. ______________________________

ENGLISH TEXTBOOK

시간 전치사

☆서 수☆

1. 첫번째	· first(1st)	11. 열 한번째	· eleventh
2. 두번째	· second(2nd)	12. 열 두번째	· twelfth
3. 세번째	· third(3rd)	13. 열 세번째	· thirteenth
4. 네번째	· fourth(4th)	14. 스무 번째	· twentieth(20th)
5. 다섯 번째	· fifth	15. 스물 한번째	· twenty-first (21st)
6. 여섯 번째	· sixth	16. 스물 두번째	· twenty-second (22nd)
7. 일곱 번째	· seventh	17. 스물 세번째	· twenty-third (23rd)
8. 여덟 번째	· eighth	18. 스물 네번째	· twenty-fourth (24th)
9. 아홉 번째	· ninth	19. 서른 번째	· thirtieth
10. 열 번째	· tenth	20. 서른 한번째	· thirty-first

시간 전치사

부사형

yesterday	어제
every day	매일
today	오늘
tonight	오늘 밤
this morning	오늘 아침

at

at 1 (o'clock)	한시에
at 5:20	5시 20분에
at noon	정오에
at night	밤에
at midnight	자정에

on

on Sunday	일요일에
on Sunday morning	일요일 아침에
on July 10th	7월 10일에
on weekends	주말에
on Christmas	크리스마스에

in

in 2002	2002년에
in August	8월에
in the morning	아침에
in summer	여름에

숫자 앞에는 *for*
숫자가 아니면 *during*

for 10 hours	10시간 동안
during the performance	공연 동안 (내내)

시간 전치사

· 나는 가요 / 학교에 / 매일	· I go to school every day.
· 나는 나의 사촌을 만났어요 / 오늘	· I met my cousin today.
· 그는 그녀의 결혼식에 참석했어 / 어제	· He attended her wedding yesterday.
· 남자친구가 나를 데려다 줬어 / 집에 / 어젯밤에	· My boyfriend took me home last night.
· 아무도 안 나갔어 / 오늘 아침에	· Nobody went out this morning.
· 그 기차는 도착했어 / 그 역에 / 7pm에	· The train arrived at the station at 7pm.
· 나는 너에게 전화했어 / 3시 정각에 / 어제	· I called you at 3 yesterday.
· 나는 그와 결혼했어 / 2:10에	· I married him at 2:10 (two ten).
· Terry와 Jane은 영화를 본다 / 정오에	· Terry and Jane watch a movie at noon.
· 그들은 둘 다 영어 공부를 했어요 / 토요일에	· Both of them studied English on Saturday.

시간 전치사

- 나는 그 뉴스를 봤어 / 7월 10일에
- Jane은 그들을 만났어 / 크리스마스에
- 그는 이기사를 읽었어요 / 2017년에
- Jane은 그 돈 모두를 썼어 (소비했어) / 10월에
- 우리 엄마는 드물게 이메일들을 확인한다 / 아침에
- 나는 일했어요 / 10시간동안
- 어떤 사람들은 살았다 / 거기에 / 20년 동안
- 내 여동생은 아무것도 안 먹었다 / 일주일 동안
- 그녀는 울었어 / 그 공연 내내
- 많은 사람이 죽었어 / 한국전쟁 동안에

- I watched the news on July 10th.
- Jane met them on Christmas.
- He read this article in 2017.
- Jane spent all the money in October.
- My mom rarely checks e-mails in the morning.
- I worked for 10 hours.
- Some people lived there for 20 years.
- My sister didn't eat anything for a week.
- She cried during the performance.
- Many people died during the Korean War.

Step 4. EXERCISE 1

1. 너희는 오늘 8시 35분에 공원에 갔었니?

2. Tom은 목요일에 해외에서 그의 사촌을 만났어.

3. 우리는 아침에 7시에 아침 식사를 가져.

4. 우리는 우리의 인생 동안 많은 것을 배워.

5. 너는 금요일마다 테니스를 치니?

6. 나는 우리 어머니와 매일 3시간 동안 이야기해요.

7. 나는 오늘 아침에 내 차 안에서 커피를 안 마셨어.

1. ______________________________

2. ______________________________

3. ______________________________

4. ______________________________

5. ______________________________

6. ______________________________

7. ______________________________

8. 그녀는 4월 21일에 직장에서 아무 것도 안 했어. 8. ______

9. 나는 2009년에 두 개의 집을 샀어. 9. ______

10. 어제 그가 그 컵들을 썼니? 10. ______

11. 저 교수님은 여기에서 3년 동안 영어를 가르쳤어. 11. ______

12. 그녀는 정말 어제 5시에 학교에서 울었어. 12. ______

13. 우리 또한 3월에 프랑스를 방문했어. 13. ______

14. Terry는 금요일 밤에 그의 방에서 그 책을 읽었어. 14. ______

15. 나는 저번주에 그 축구 경기를 교회에서 봤어. 15. ______

전치사 with / for

· 나는 그 영화를 봤어 / 내 친구와 [함께] (with)
· I watched the movie with my friend.

· Jane이 정말 살아요? / 그녀의 여동생과
· Does Jane really live with her sister?

· 그의 형은 갔어 / 교회에 / 그 사람들과
· His brother went to church with the people.

· Terry는 자주 편지들을 썼어 /이 펜으로 [이 펜을 가지고]
· Terry usually wrote letters with this pen.

· 너는 그 케익을 잘랐니? /이 칼로
· Did you cut the cake with this knife?

· 그는 가끔 그녀를 도와 / 그녀의 가방 [드는 것]을
· He sometimes helps her with her bag.

· 그는이 반지를 샀어 / 그녀를 위해 (for)
· He bought this ring for her.

· 나는 일해 / 그 회사에서 [그 회사를 위해]
· I work for the company.

· Jane은 갔어 / 산책하러
· Jane went for a walk.

· 그 비행기는 인천을 떠나니? / 부산으로 [부산을 목적지로]
· Does the plane leave Incheon for Busan?

· 그 비행기는 출발했어 / 미국으로 / 5시에
· The plane left for the States at 5.

· 나는 이 노래를 작곡했어 / 오직 너를 위해
· I wrote this song just for you.

· 그들은 간다 / 수영하러 [수영하기 위해] / 매 주말에
· They go for a swim every weekend.

Step 4. EXERCISE 2

1. 그는 그의 아들을 위해 그 장난감을 샀어.

1. ______________________________

2. 그녀는 막대기로 그 공을 쳤어.

2. ______________________________

3. Jane은 정말 그녀의 여동생과 함께 살았어요.

3. ______________________________

4. Tom은 그 회사에서 일하나요?

4. ______________________________

5. 나는 나의 미래를 위해 돈을 모아.(save money)

5. ______________________________

6. 너희는 매 주말에 수영하러 가니?

6. ______________________________

7. 그는 티스푼으로 커피를 안 저어.(stir)

7. ______________________________

8. Jane은 오늘 아침 산책하러 갔었어.

9. 그는 오후에 그의 학생들과 축구를 했어.

10. 나는 그 컵을 물로 채웠어.(fill)

11. 그녀는 나에게 조언 (advice)을 받으러왔어.

12. 그는 오직 그녀를 위해이 노래를 불렀어.

13. 그들은 우리들과 그 산 위로 올랐어.

14. 그 버스는 정오에 강남으로 출발했어.

15. 그녀가 자기 얼굴을 타월로 덮었어.(cover)

8. ______________________________

9. ______________________________

10. ______________________________

11. ______________________________

12. ______________________________

13. ______________________________

14. ______________________________

15. ______________________________

주동목 의문문

Step 5

미래형

~ 할거야

will (굳은 의지)

· I / You / He / She will~

be going to

· I am going to~

· You / We / They are going to~

· He / She / It is going to~

· 나는 갈 거에요 / 교회에 / 내일

· I will go to church tomorrow.

· I'm going to go to church tomorrow.

· 그녀가 올 거에요? / 여기에 / 오늘 오후에

· Will she come here this afternoon?

· Is she going to come here this afternoon?

· 나는 안 잘 거야.

· I will not (won't) sleep.

· I'm not going to sleep.

미래형

· 우리는 축하할 거야 / 우리의 10 번째 결혼기념일을

· We're going to celebrate our 10th anniversary.

· 그는 커피를 마실 건가요? / 주스 대신에

· Is he going to drink coffee instead of juice?

· 너는 갈 거니? / 그 바닷가에 / 나랑 / 겨울에

· Are you going to go to the beach with me in winter?

· 그들은 그 영화를 안 볼 거야 / 지금

· They're not going to watch the movie now.

· 나는 안 떨어질 거야 / 그 계단 아래로

· I'm not going to fall down the stairs.

· 그가 그 차를 고칠 거야 / 거기에서 / 11월 11일에

· He's going to fix the car there on November 11th.

· 그 쥐는 달려갈 거야 / 저 구멍 안으로

· The rat's going to run into that hole.

· 그녀의 엄마는 그 집을 청소할 거야 / 이번 주말에

· Her mom's going to clean the house this weekend.

미래형

- 그들은 만날 거야 / 내 친구들 중 한 명을 / 그 식당 안에서 / 3시에
- They're going to meet one of my friends in the restaurant at 3.
- 그 일은 약 10개월이 걸릴 거야.
- The work's going to take about 10 months.
- 나는 주문할 거야 /이 샌드위치와 우유 한 컵을
- I'm going to order this sandwich and a cup of milk.
- 그녀와 나는 앉을 거야 /이 나무 아래에
- She and I are going to sit under this tree.
- 그 가수가 그 노래를 부를 건가요? /이 무대에서 / 오늘 밤
- Is the singer going to sing the song on this stage tonight?
- 그들은 설탕을 추가할 거야 / 커피에
- They're going to add sugar to coffee.
- 그녀는 아무 것도 안 마실 거야 / 저녁 후에
- She's not going to drink anything after dinner.
- 나는 그녀를 방문할 거야 / 다음 달에
- I'm going to visit her next month.

부 사

· 그 로봇은 움직일 것이다 / 천천히

· The robot's going to move slowly.

· 그녀는 걸었어 / 빨리

· She walked fast.

· 그 문제가 발생했어 / 나에게 / 갑자기

· The problem happened to me suddenly.

· 그는 모든 것을 설명할 거야 / 명확하게

· He's going to explain everything clearly.

· Terry는 말했어 / 조용히

· Terry spoke quietly.

· 그는 그 버스를 운전했어 / 매우 조심스럽게

· He drove the bus very carefully.

· 나는 물과 꿀을 섞었어 / 잘

· I mixed water and honey well.

부 사

- Jane은 비명질렀어 / 크게
- 그는 그것을 먹었어 / 많이
- Tom은 거기에 살지 않아 / 더 이상
- 나의 아빠가 그 공을 던질 거야 / 멀리
- 갑자기, / Terry가 달아났어.
- 드디어, / 나는 끝냈어 / 내 일 모두를
- 많은 사람들은 몰라 / 그 이유를 / 전혀
- 비가 내렸어 / 많이 / 어젯밤에

- Jane screamed loudly.
- He ate it a lot.
- Tom doesn't live there anymore.
- My dad's going to throw the ball far.
- Suddenly, Terry ran away.
- Finally, I finished all my work.
- Many people don't know the reason at all.
- It rained a lot last night.

명령문

명령은 항상 "너"에게 한다. 즉, 명령문의 주어는 항상 "You"이므로 주어 You는 생략한다.

· ~~너는~~ 마셔라 / 우유를	· ~~You~~ Drink milk.
· 살아라 / 걱정거리들 없이	· Live without worries.
· 점프해라 / 높이	· Jump high.
· 앉으세요 / 그 그늘 안에	· (Please), sit in the shade (please). "Please"는 문장의 앞, 또는 뒤에 쓴다.
· 전화하세요 / 저에게 / 오늘 오후에	· (please), call me this afternoon (please).
· 가세요 / 곧장 / 얼마 동안 (한동안)	· (Please), go straight for a while (please).
· 도세요 / 왼쪽으로	· (Please), turn left (please).
· 도세요 / 오른쪽으로 / 저 코너에서	· (Please), turn right at that corner (please).

명령문

· 좌회전 하세요 / 저 교차로에서

· (Please), turn left at the intersection (please).

· 울지 마 / 아기처럼

· Don't cry like a baby.

· 서있지 마 / 내 옆에

· Don't stand next to me.

· 도망가지 마 / 나중에

· Don't run away later.

· 비웃지 마세요 / Terry를

· (Please), don't laugh at Terry (please).

· 떠나지 마세요 / 너무 멀리

· (Please), don't go away too far (please).

· 가지 마세요 / 그 빌딩을 지나서

· (Please), don't go past the building (please).

· 깨어있지 마 / 늦게까지

· (Please), don't stay up late (please).

청유문 (Let's)

- (우리가) 사자 / 선물을 / 그를 위해 · Let's buy a present for him.
- 하자 / 축구를 / 하루 종일 · Let's play soccer all day.
- 기다리자 / 우리의 누나를 / 2시까지 · Let's wait for our sister until 2.
- 걷자 / 여기 주위를 / 함께 · Let's walk around here together.
- 만나자 / 너의 집 근처에서 · Let's meet around your house.
- 가자 / 어딘가로 · Let's go somewhere.
- 수리하지 말자 / 저 집을 · Let's not fix that house.

청유문 (Let's)

· 먹자 / 수프를 / 라면 대신에

· Let's eat soup instead of ramen noodles.

· 달리자 / 저 호수 주위를 / 잠시 동안

· Let's run around that lake for a while.

· 축하하자 / 크리스마스를 / 함께

· Let's celebrate Christmas together.

· 보내자 / 시간을 / 함께 / 내일

· Let's spend time together tomorrow.

· 춤추자 / 저 댄서처럼

· Let's dance like that dancer.

· 만지지 말자 / 그의 차를

· Let's not touch his car.

· 읽지 맙시다 / 그녀의 일기를

· Let's not read her diary.

· 깨어 있자 / 7am까지

· Let's stay awake until 7am.

Step 5. EXERCISE

1. 7시에 학교에 가라!

2. 나는 이번주 일요일에 교회에 안 갈 거에요.

3. 어젯밤에 눈이 많이 내렸어.

4. 그는 11월 달에 해외에 갈 거야.

5. 그는 그 과속방지턱을 조심스럽게 넘어 달렸어.

6. Jane은 놀이터에서 큰 소리로 비명을 질렀어.

7. 나는 오늘 오후에 내 방을 청소할 거야.

8. 7am까지 깨어 있지 말자.

1. ______________________________
2. ______________________________
3. ______________________________
4. ______________________________
5. ______________________________
6. ______________________________
7. ______________________________
8. ______________________________

9. 그녀는 그 계단을 빨리 걸었 올라갔어. | 9. ______

10. 갑자기, Terry가 날 비웃었어. | 10. ______

11. 나는 피자 대신에 샐러드를 주문할 거에요. | 11. ______

12. 나는 그 노래를 전혀 몰라. | 12. ______

13. 드디어, 나는 그 영화를 봤어. | 13. ______

14. 한동안 내 옆에 서 계세요. | 14. ______

15. 좌회전 하지 마세요. | 15. ______

16. 오늘 저녁에 그에게 전화하세요. | 16. ______

17. 그 공원 주의를 함께 걷자. | 17. ______

18. 이번 겨울에 시간을 함께 보내자. | 18. ______

ABC
ENGLISH
ENGLISH TEXTBOOK

Step 6 숙어 Ⅱ

· 나는 입었어 / 그것을	· I put it on.
· 나는 입었어 / 그 셔츠를	· I put on the shirt. / I put the shirt on.
· 나는 벗었어 / 그것들을	· I took them off.
· 나는 벗었어 / 나의 신발을	· I took off my shoes. / I took my shoes off.
· 나는 켤 거야 / 이것을	· I'm going to turn this on.
· 나는 켤 거야 /이 TV를	· I'm going to turn on this TV. / I'm going to turn this TV on.
· 그가 껐어 / 저것을 / 방금	· He turned that off just now.
· 그가 껐어 / 저 히터를 / 방금	· He turned off that heater just now. / He turned that heater off just now.

숙어 cont'd

- Jane은 내려놓았어 / 그 책들을 (put down)
- Jane put down the books.
- 그 학생은 제출했어 / 그의 프로젝드를 (hand in)
- The student handed in his project.
- 작성해 /이 신청서를 / 여기에서 (fill out)
- Fill out this application here.
- 그는 잘라냈어 / 그 비계를 (cut off)
- He cut off the fat.
- 그녀는 나누어 주었어 / 광고지들을 / 매일 (hand out)
- She handed out the flyers every day.
- 올려주세요 / 볼륨을 (turn up)
- (Please) turn up the volume (please).
- 그 경찰관은 (사실인지 아닌지) 확인했어 / 내 이야기를 (check out)
- The police officer checked out my story.

숙어 cont'd

- 나는 들어올렸어 / 내 의자를 (lift up)
- I lifted up my chair.
- 그는 넘겨받았어 / 그의 아빠의 사업을 / 5년 전에 (take over)
- He took over his dad's business 5 years ago.
- 다시가 지고와 / 그 책들을 /이 도서관으로 (bring back)
- Bring back the books to this library.
- 그 웨이터들이 세팅 했어 /이 테이블을 / 함께 (set up)
- The waiters set up this table together.
- 다시 가져다주자 /이 책을 / 그에게 (take back)
- Let's take this book back to him.
- 제자리에 가져다 놓으세요 / 그 접시를 / 지금 (put back)
- (Please) put the plate back now (please).
- 나는 깨웠어 / Terry를 / 6am에 (wake up)
- I woke Terry up at 6am.

Step 6. EXERCISE 1

1. 내 남동생이 저 컴퓨터를 껐어.
2. 네가이 TV를 켰니?
3. 우리는 그 빨간 티셔츠를 입을 거야.
4. 나는 나의 신발을 그 문 바깥쪽에서 벗었어.
5. 내일이 신청서를 작성하자.
6. 그는 그 책상을 여기에 내려 놓았어.
7. 그 장난감을 제자리에 가져다 놓으세요.
8. 너는 그의 이야기를 확인했니?
9. 내가 그것들을 잘라냈어.

1. ______________________
2. ______________________
3. ______________________
4. ______________________
5. ______________________
6. ______________________
7. ______________________
8. ______________________
9. ______________________

10. 나는 이 책을 오늘 밤 그에게 다시 가져다 줄거야.

11. 교수님이 신청서들을 나누어 주셨어.

12. Jane은 그것을 저번주에 제출했어요.

13. 나의 아들이 내 사업을 넘겨받을 것이다.

14. 스파이더맨이 저 차를 들어올렸어.

15. 나는 볼륨을 올리지 안았어요.

16. 함께이 테이블을 세팅하자.

17. 그들을 깨우자.

18. 내 usb를 다시 가져 왔니?

10. ______

11. ______

12. ______

13. ______

14. ______

15. ______

16. ______

17. ______

18. ______

주다 동사 / 상태 동사

누구에게 무엇을

- 나의 아빠는 / 줬어 / 나에게 / 용돈을
- My dad gave me pocket money.
- 나의 아들이 / 써줬어 / 나에게 / 편지를
- My son wrote me a letter.
- Terry가 / 가르쳐주니? / 너에게 / 영어를
- Does Terry teach you English?
- 나의 엄마는 / 안 말해줬어 / 그에게 / 그 비밀을
- My mom didn't tell him the secret.
- 그는 / 사준다 / 나에게 / 선물을 / 1 주일에 한번
- He buys me a gift once a week.
- 만들어주자 / 그들에게 / 몇 개의 쿠키들을
- Let 's make them some cookies.
- 그 마스크는 / (비용이) 들었어 / 나에게 / 약 10,000원
- The mask cost me about ten-thousand won.

주다 동사 / 상태 동사

- 많은 아이들이 / 보냈니? / 그에게 / 카드들을
- Did many children send him cards?
- 그들은 / 보여줬니? / 그녀에게 / 그들의 집을
- Did they show her their house?
- 보여줘라 / 그에게 / 너의 그림들을
- Show him your pictures.
- 나는 / 만들었어 / 그를 / 행복하게 (행복한 상태로)
- I made him happy.
- 그녀는 / 항상 유지해 / 그녀의 차를 / 깨끗하게
- She always keeps her car clean.
- 나는 / 발견했어 / 그 문이 / 열린 걸
- I found the door open.
- 그는 / 유지했어 / 그 아이들을 / 조용히
- He kept the children quiet.
- 우리는 / 부른다 / 그를 Terry라고
- We call him Terry.

Step 6. EXERCISE 2

1. 너는 그에게 선물을 보내 주었니?

2. 내 여친은 나에게 항상 편지를 써줘.

3. 나는 너에게 마술을 보여줄 거야.

4. Terry가 우리에게 영어를 가르쳐줘.

5. 네가 나에게 그 usb를 줬니?

6. 나에게 쿠키를 좀 만들어줘.

1. ______________________

2. ______________________

3. ______________________

4. ______________________

5. ______________________

6. ______________________

7. 그 차는 그에게 약 2,000,000원이 들었다.

7. ______________________________

8. 그가 너에게 그 반지를 사줬니?

8. ______________________________

9. 그에게 그 비밀을 말하지 마!

9. ______________________________

10. 나를 Iron man이라고 불러라!

10. ______________________________

11. 너는 항상 나를 화나게 만들어.

11. ______________________________

12. 내 아들은 그 창문이 열린 것을 발견했어.

12. ______________________________

13. 당신의 개를 조용히 유지해 주세요.

13. ______________________________

ENGLISH TEXTBOOK

Step 7 Be 동사

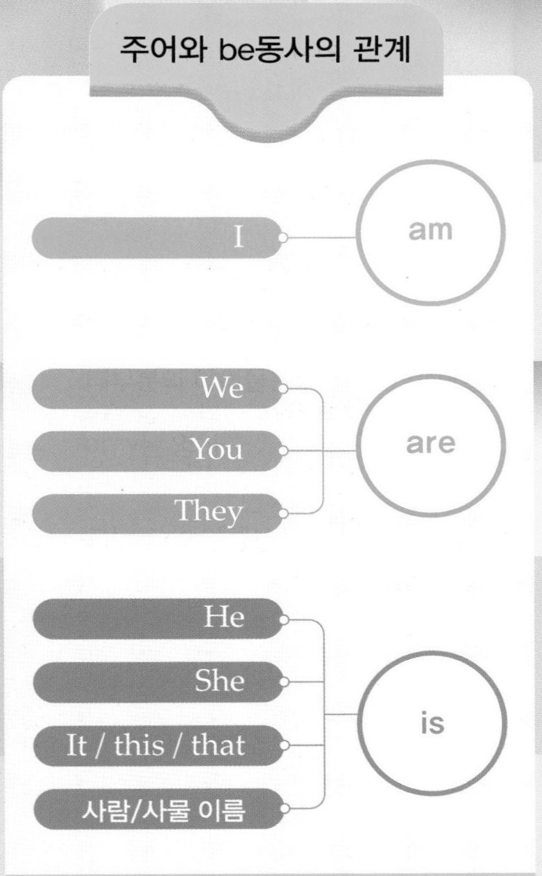

· 나는 학생이다.	· I am [I'm] a student.
· 나는 교수야.	· I'm a professor.
· 나는 Terry야.	· I'm Terry.
· 저는 그의 친구에요.	· I'm his friend.
· 저는 그녀의 남동생이에요.	· I'm her brother.
· 너는 접수 담당자야.	· You are [You're] a receptionist.
· 그녀는 베트남인이야.	· She is [She's] Vietnamese.
· 그/그녀는 필리핀 사람이야.	· He is [He's] Filipino. / She's Filipina.
· 우리는 한국인(들)입니다.	· We are [We're] Koreans.
· 그들은 둘 다 정치가야.	· Both of them are politicians.
· 그것은 고양이에요.	· It is [It's] a cat.
· 이것은 내 책상이에요.	· This is my desk.
· 저것은 내 가방이에요.	· That is [That's] my bag.
· 나의 누나 또한 영어 선생이다.	· My sister's also an English teacher.
· 이것은 나의 것이다.	· This is mine.
· 저것은 너의 것이다.	· That's yours.
· 그것은 우리의 것이다.	· It's ours.
· 이 노트북은 그의 것이다.	· This laptop is his.
· 저 차는 그녀의 것이다.	· That car is hers.
· 이 쿠키들은 그들의 것이다.	· These cookies are theirs.

Be 동사 의문문 / 부정문

- 나는 학생이 아니야. · I'm not a student.
- 너는 학생이니? · Are you a student?
- 니가 Jane 이니? · Are you Jane?
- 당신은 그들의 직장 동료예요? · Are you their co-worker?
- 그녀가 예술가예요? · Is she an artist?
- Tom이 그 가수예요? · Is Tom a singer?
- 당신들 대부분이 모델들 입니까? · Are most of you models?
- 내가 당신의 딸이야? · Am I your daughter?

Be 동사 의문문 / 부정문

· 그것들이 모두 다른 모양들이니?	· Are all of them different shapes?
· 그 점수가 5 대 3 이니?	· Is the score 5 to 3?
· 우리는 프로 건축가가 아니에요.	· We're not a professional architect.
· 그(그녀)는 내 조카가 아니에요.	· He's not my nephew / She's not my niece.
· 그것은 신선한 당근이 아니에요.	· This is not a fresh carrot.
· 그들은 나의 형들이 아니야.	· They're not my brothers.
· 그는 그의 장인이 아니야.	· He's not his father -in-law.
· 그녀는 간호사가 아니에요.	· She's not a nurse.

- 장모/시어머니: mother-in-law.
- 형수/처제: sister-in-law
- 처남/매형: brother-in-law

· 나는 의사였어.	· I was a doctor.
· 너는 좋은 사람이었어.	· You were a good person.
· 그는 한국인이었어.	· He was Korean.
· 그녀는 패션모델이었어.	· She was a fashion model.
· 그것은 내 장난감이었어.	· It was my toy.
· 우리 또한 학생들이었어.	· We were also students.
· 그것들은 모두 다른 사이즈들이었어.	· All of them were different sizes.
· 그것은 거대한 동물원이었어.	· It was a huge zoo.
· 그것들 중 절반은 그녀의 동전들이었어.	· Half of them were her coins.
· 그들은 나의 귀여운 여동생들이었어.	· They were my cute sisters.

Be 동사 과거형 의문문 / 부정문

· 그 책들은 내것이 아니었어요. · The books weren't mine.

· 나는 없었어요 / 한국에 / 2019년도에 · I wasn't in Korea in 2019.

· 그것들이 그 접시들이었니? · Were they your plates?

· 그는 변호사가 아니었어요. · He wasn't a lawyer.

· 우리는 한 팀이 아니었어. · We weren't a team.

· 이것이 너의 배낭이었어? · Was this your backpack?

Be 동사 과거형 의문문 / 부정문

· 저것들은 내 책들이 아니었어.	· Those weren't my books.
· 그 테이블 위의 컵들이 그녀의 것이었니?	· Were the cups on the table hers?
· 그는 숙련된 근로자가 아니었어.	· He wasn't a skilled worker.
· 이게 네 거였니?	· Was this yours?
· 나는 그 팀의 한 멤버가 아니었어.	· I wasn't a member of the team.
· 그는이 학교의 한 학생이 아니었습니다.	· He wasn't a student of this school.

Be 동사 미래형

· 나는 의사가 될 거에요.	· I will be a doctor. · I'm going to [gonna] be a doctor.

· 너는 디자이너가 될 거야.	· You're going to be a designer.
· 그는 패션모델이 될 거야.	· He's going to be a fashion model.
· 우리는 간호사가 될 거야. / 내년에	· We're going to be nurses next year.
· 이것은 나의 것이 될 거야. / 미래에	· This is going to be mine in the future.

· 너는 제빵사가 될 거니?	· Are you going to be a baker?
· 그는 경찰이 안 될 거야.	· He's not going to be a police officer.
· 이 물이 얼음이 될 건가요?	· Is this water going to be ice?
· 그는 아빠가 안 될 거야.	· He's not going to be a father.
· 우리 중 다수는 스키 선수들이 안 될 거야.	· Many of us are not going to be ski players.
· 이 차는 그들의 것이 될까?	· Is this car going to be theirs?

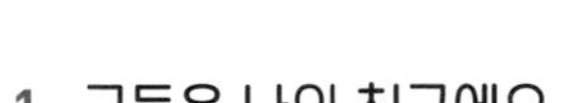

1. 그들은 나의 친구예요. 1. ______

2. 그는 내년에 가수가 될 거예요. 2. ______

3. 저는 그의 사위가 아니예요. 3. ______

4. 그들은 둘 다 한국사람이니? 4. ______

5. 그것들 중 절반은 나의 돈이 될 거야. 5. ______

6. 이것은 당신의 것 입니까? 6. ______

7. 저 여자아이는 내 조카예요. 7. ______

8. 그는 작년에 내 직장 동료였어. 8. ______________________________

9. 저 또한이 학교의 한 학생입니다. 9. ______________________________

10. 나의 엄마는 간호사였다. 10. ______________________________

11. 나는 월요일에 여기에 없을 거예요. 11. ______________________________

12. 그것들은 모두 다른 고양이들 입니까? 12. ______________________________

13. 너는 내년에 의사가 될 거야 13. ______________________________

14. 저것들 대부분은 너의 것이다. 14. ______________________________

15. 이 소년은 미래에 좋은 사람이 될까요? 15. ______________________________

ENGLISH TEXTBOOK

Step 8 Be 동사 + 형용사

· 나는 행복하다.	· I'm happy.
· 너는 슬프다.	· You're sad.
· Terry는 귀여워.	· Terry's cute.
· 그는 안 아프다.	· He's not sick.
· 그녀는 안 예뻐.	· She's not pretty.
· 그녀가 목마르니?	· Is she thirsty?
· 너 괜찮니?	· Are you okay?
· 나는 괜찮을 거야.	· I'm going to be okay.
· 저것은 큰 TV 입니다.	· That is a big TV.
· 이것은 따뜻한 우유야.	· This is warm milk.
· 그것들은 모두 비싼 차들이야.	· All of them are (Those are all) expensive cars.
· 그것은 큰 무언가야.	· It's something big.
· 그는 낯선 누군가야.	· He's someone strange.

Be 동사 + 형용사

· 그는 행복했어 /그결과에 (happy with)

· He was **happy with** the result.

· 너는 익숙하니?/이 컴퓨터 소프트웨어와 (familiar with)

· Are you **familiar with** this computer software?

· 그녀의 목소리는 정말 친숙했어 / 나에게 (familiar to)

· Her voice was very **familiar to** me.

· 나의 새 집은 가까워요 / 그 은행에서 (close to)

· My new house is **close to** the bank.

· 부산은 멀어 / 여기에서부터 (far from)

· Busan is **far from** here.

· Tom의 의견은 비슷했어 / 나의 것과(eimilar to)

· Tom's opinion was **similar to** mine.

· Jane의 아이디어는 달라 / 너의 것과 (diferent fom)

· Jane's idea was **different from** yours.

· 그는 바쁠 거야 / 그의 집안일로(때문에) / 다음주에 (busy wich)

· He's going to be **busy with** his housework next week.

· 무슨 문제가 있니? / 너에게 (너 왜 그래?)

· What 's **wrong with** you?

Be 동사 + 형용사

· 최소 10명이 화났었어 / 그녀에게 (angry witch /mad at)

· At least 10 people were **angry with / mad at** her.

· 그녀는 잘한다/ 과학을 (good at)

· She is **good at** science.

· Jane은 늦었었/ 그 수업에 / 어제 (late for)

· Jane was **late for** the class yesterday.

· 그는 책임이 있어 / 이 사고를 대상으로 (responsible for)

· He is **responsible for** this accident.

· 그들은 결석했어 / 직장에 (absent from)

· They were **absent from** work.

· 그 아이는 무서워한다/ 개들을 (afraid of / scared of)

· The child is **afraid of** dogs.

· 나는 긴장됐어 /그 면접이 (nervous about)

· I was **nervous about** the interview.

· 나는 자랑스러워/ 내 자신이 (proud of)

· I'm **proud of** myself.

· 나는 질투해 / 그의 성공을 (jealous of)

· I'm **jealous of** his success.

· 그는 가득찾어 / 불평거리들로 (full of)

· He's **full of** complaints.

Step 8. EXERCISE 1 Be 동사 + 형용사

1. 나는 네가 무섭지 않다.
2. Jane은 어제 수업에 결석했어.
3. 너의 스마트폰 케이스는 나의 것과 달라.
4. 그 사진은 나에게 정말 친숙했어.
5. 나는 저번 주말에 나의 과제 때문에 바빴어.
6. 나의 부모님은 나를 자랑스러워 하실거야.
7. 너의 집은 학교에서 가깝니?
8. 너의 남동생 목소리는 너와 비슷해.
9. 서울은 우리 집에서 멀지 않아.

1. ______________________________
2. ______________________________
3. ______________________________
4. ______________________________
5. ______________________________
6. ______________________________
7. ______________________________
8. ______________________________
9. ______________________________

10. 넌 그녀를 질투하니?	10. ______
11. 나는 그 면접이 긴장돼. (현재)	11. ______
12. 너의 강아지 왜 그래?	12. ______
13. 그녀는 나에게 화났니?	13. ______
14. 그들 둘 다 영어를 잘 한다.	14. ______
15. 너의 미래는 성공으로 가득 찼어.	15. ______
16. 내 친구 또한 그 수업에 늦게 왔어.	16. ______
17. 저는 그의 목소리에 익숙하지 않습니다.	17. ______
18. 제가이 아이디어에 책임이 있나요?	18. ______
19. 저는 그 시험결과에 행복해요.	19. ______

최상급

최상급 : '가장 ~ 한'이란 뜻으로 형용사 앞에 the를, 뒤에 est를 붙인다.

· 이것은 가장 오래된 차야.	· This is **the oldest** car.
· 그녀는 가장 유명한 사람이야.	· She is **the most famous** person.
· 그것은 가장 높은 빌딩입니다.	· It is the tallest building.
· 이것이 가장 비싼 램프예요.	· This is the most expensive lamp.
· 사랑은 가장 중요한 것이다 / 삶에서	· Love is the most important thing in life.
· 안동이 가장 큰 도시야 / 한국에서	· Andong is the biggest city in Korea.
· Terry는 가장 귀여운 사람이야 /이 교실에서	· Terry is the cutest person in this classroom.
· 저것이 가장 완벽한 드레스야 / 그녀에게	· That is the best dress for her.
· 피자가 가장 싼 음식이야 / 그 메뉴에서	· Pizza is the cheapest food on the menu.
· 무엇이 가장 인기있는 요리니? / 여기에서	· What is the most popular dish here?
· 어느 마트가 가장 가깝니? / 여기에서 (부터)	· Which mart is the closest from here?

비교급

비교급 : '~ 보다 더 ~ 한'이란 뜻으로 형용사 뒤에 er를 붙인다.

· 그녀는 더 크다 / 나보다	· She is **taller than** me.
· 그는 더 나이가 많다 / 너희들보다	· He's older than you.
· Terry는 더 귀여워 / 대부분의 사람들보다	· Terry's cuter than most people.
· 이 꽃이 아름답다 / 저 꽃보다	· This flower is more beautiful than that one.
· 네가 더 어리니? / 네 여친보다	· Are you younger than your girlfriend?
· 흡연은 더 위험해 / 우리가 생각하는 것보다	· Smoking is more dangerous than we think.
· 저 작은 컵이 훨씬 더 비쌌어 /이 큰 컵보다	· That small cup was **much** more expensive than this big one.
· 내 것이 조금 더 멋져 / 네 것보다	· Mine is **a little** nicer than yours.
· 빨강이 더 인기있니? / 파랑보다 / 요즘	· Is red more popular than blue these days?
· 자전거는 항상 더 편리해 / 차보다 /이 지역에서	· A bicycle is always more convenient than a car in this area.
· 저 책상이 5cm 더 길어 /이 책상보다	· That desk is 5 centimeters longer than this one.
· 이 차는 덜 비싸 / 저 차보다	· This car is **less** expensive than that one.
· 나는 덜 피곤해 / 어제 아침 보다	· I'm less tired than last morning.

Step 8. EXERCISE 2

1. (이 중) 어느 동물이 더 위험합니까?　　1. ____________________

2. '한라'는 한국에서 가장 높은 산입니다.　　2. ____________________

3. 이것이 가장 비싼 집입니까?　　3. ____________________

4. 그들은 가장 유명한 아이돌 그룹이 아니야.　　4. ____________________

5. 당신은 나의 삶에서 가장 중요한 것이에요.　　5. ____________________

6. 이마트가 여기에서 가장 가까운 마트입니다.　　6. ____________________

7. 대부분의 사람들은 Terry 보다 훨씬 덜 귀여워.　　7. ____________________

8. 그녀가 세계에서 가장 늙은 사람이야. 8. ____________________

9. 너의 꽃이 내 것보다 더 아름답니? 9. ____________________

10. 여기에서 무엇이 최고의 맥주입니까? 10. ____________________

11. 이 하얀 차가 저 빨간 차보다 훨씬 더 멋져. 11. ____________________

12. 나는 작년보다 덜 슬퍼. 12. ____________________

13. 나는 나의 언니보다 2살 더 어려. 13. ____________________

14. 자동차가 자전거보다 항상 편리하지는 않다. 14. ____________________

ENGLISH TEXTBOOK

의문문

누가	언제	어디서	무엇을	어떻게	왜
Who	When	Where	What	How	Why

- 누구를 / 너는 좋아하니? · Who (Whom) do you like?
- 언제 / 그녀는 그녀의 머리를 빗어? · When does she comb her hair?
- 어디에서 / 너는 손을 씻니? · Where do you wash your hands?
- 무엇을 / 너는 공부하니? · What do you study?
- 어떻게 / 너는 학교에 가니? · How do you go to school?
- 왜 / 너는 멀리 살아? / 너의 가족들로부터 · Why do you live far from your family?
- 그밖에 무엇을 / 너는 읽니? · What else do you read?
- 그밖에 어디에서 / 그녀는 먹니? · Where else does she eat?
- (이 중에) 어느 버스를 / 너는 타니? · Which bus do you take?
- 누구의 차를 / 너는 운전하니? · Whose car do you drive?
- 어떻게 생각하니? (어떠니?) · What do you think?

의문문

- 누구와 함께 / 너는 점심을 먹니?
- 누구와 함께 / Tom이 살아요?
- 누구에게 / 그녀가 말했니? / 쉬는 시간 동안
- 무엇을 위해 / 너는 그것을 했니? (너 왜 그랬니?)
- 무엇에 관하여 / 그들은 이야기했니?
- 어떤 종류 의 영화를 / 너는 좋아하니?
- 어떤 종류의 음악을 / 너는 듣니?
- 얼마나 많이 / 너는 나를 사랑하니?
- 얼마나 많은 사람들이 / 참석했니? / 그 이벤트에
- 몇 번 / 당신은 / 당신의 전화기를 확인합니까? / 하루에
- 몇 시간 / 너는 일 하니? / 일주일에
- 얼마나 자주 / Tom은 그녀를 만나니? / 방과 후에

- **With whom do** you eat lunch?
- **Who** do you eat lunch **with**?
- Who does Tom live with?
- **Who** did she talk **to** during the break?
- **What** did you do that **for**?
- **What** did they talk **about**?
- **What kind of** movie do you like?
- What kind of music do you listen to?
- **How much** do you love me?
- **How many people** attended the meeting?
- **How many times** do you check your phone a day?
- **How many hours** do you work a week?
- **How often** does Tom meet her after school?

- 누가 / 교회에 갔니? / 오늘
- 누가 / 불을 켰니?
- 무엇이 / 만들었니? / 네가 그렇게 생각하게

- Who went to church today?
- Who turned on the light?
- What made you think that?

의문문

· 그 의사는 누구야? / 누가 그 의사야? (누구 = 의사)

· Who is the doctor?

· 누구야? / 그녀가

· Who is she?

· 어때? / 너는

· How are you?

· 얼마입니까? / 그것은

· How much is it?

· 어디에 그것이 있어?

· Where is it?

· 왜? / 그녀가 아프니

· Why is she sick?

· 어디에 있었어? / 너는

· Where were you?

· 무엇이 가장 긴 강이니? / 세계에서

· What is the longest river in the world?

의문문

- 누구와 / 너는 함께 있었니? / 지난 주말에
- Who were you with last weekend?
- 어디에 / 너는 있을 거니? / 5시에
- Where are you going to be at 5?
- 누구랑 / 너는 함께 있을 거니? / 내일
- Who are you going to be with tomorrow?
- 언제 / 너는 있을 거니? / 거기에
- When are you going to be there?
- 어떠니? / 날씨가
- How's the weather? / What 's the weather like?
- 얼마나 크니? / 그 집이
- How big is the house?
- 얼마나 무서웠니? / 그 영화가
- How scary was the movie?
- 얼마나 머니? / 부산이 / 여기에서부터
- How far is Busan from here?

의문문 TEST

1. ______________________________

2. ______________________________

3. ______________________________

4. ______________________________

5. ______________________________

6. ______________________________

7. ______________________________

8. ______________________________

1. I study English.
2. I was in the bathroom.
3. Because I was sick yesterday.
4. I love Terry.
5. I meet my parents every weekend.
6. She uses the blue cup.
7. I like action movies.
8. It 's 5,000 won.

의문문 TEST

9. ______________________

10. ______________________

11. ______________________

12. ______________________

13. ______________________

14. ______________________

15. ______________________.

9. He works 12 hours a week.

10. She is my girlfriend.

11. I'm fine, thank you. And you?

12. It 's in my bag.

13. I'm going to be with my boyfriend.

14. This is Terry 's phone.

15. It 's sunny.

Step 10 진행형

- 그녀가 울고 있어요.
- 그가 먹고 있어요 / 점심을 / 지금
- 나의 아빠는 읽고 있어요 / 많은 책들을 / 요즘
- 그들이 야구를 하고 있니?
- 그들은 비웃고 있지 않아 / 나를
- 나는 청소를 하고 있었어 / 내 방을
- 그녀는 음악을 듣고 있었어요.
- 너는 자고 있었니? / 거기에서
- 나는 보고 있을 거야 / TV를 / 7시에
- 그녀는 요리를 하고 있지 안을 거야.
- 너는 앉아 있을 거니? / 여기에
- 무엇을 / 너는 보는 중이니? (뭘 봐?)
- 어디에서 / 그들은 먹고 있을 거니?

- She **is crying.**
- He's eating lunch right now.
- My dad's reading many books these days.
- Are they playing baseball?
- They're not laughing at me.
- **I was cleaning** my room.
- She was listening to music.
- Were you sleeping there?
- **I am going to be watching** TV at 7.
- She's not going to be cooking.
- Are you going to be sitting here?
- What are you looking at?
- Where are they going to be eating?

접속사

접속사 : 문장과 문장, 또는 문장 가운데 두 성분들을 이어 주는 말

when	~(할) 때
while	~(할) 동안
as soon as	~ 하자마자
after	~ 후에
before	~ 전에
because	왜냐하면
whenever	~할 때마다
until	~(할 때)까지
and	그리고
but	그러나
So	그래서

예 나는 밥 먹은 후에 조깅을 해.

- I jog (결과) after (접속사) I eat (원인).
- After (접속사) I eat (원인), I jog (결과).

예 나는 밥 먹어. 그리고 조깅을 해.

- I eat (원인) and (접속사) I jog (결과).

접속사

· 내가 미국에서 공부하고 있을 때 나는 그를 만났어.

· I met him when I was studying in the States.

· When I was studying in the States, I met him.

· 그 영화가 시작할 때 나는 너를 부를 거야.

· I'm going to call you when the movie starts

· When the movie starts, I'm going to call you.

· 나는 일어나자마자 나의 이를 닦아.

· I brush my teeth as soon as I wake up.

· As soon as I wake up, I brush my teeth.

· Tom은 그의 일을 끝낸 후에 그 책을 읽었어.

· Tom read the book after he finished his work.

· After Tom finished his work, he read the book.

· 그는 잠자리에 들기 전에 기도를 한다.

· He prays before he goes to bed.

· Before he goes to bed, he prays.

· 내가 자는 동안 네가 나의 피자를 먹었니?

· Did you eat my pizza while I was sleeping?

· While I was sleeping, did you eat my pizza?

접속사

· 밖에 비가 오고 있었기 때문에 문을 닫았어.

· I closed the door because it was raining outside.

· Because it was raining outside, I closed the door.

· 그는 TV를 볼 때마다 아이스크림을 먹어.

· He eats ice-cream whenever he watches TV.

· Whenever he watches TV, he eats ice-cream.

· 그 가게가 닫을 때까지 너는 나를 기다릴꺼니?

· Are you going to wait for me until the store closes?

· Until the store closes, are you going to wait for me?

· 그가 나에게 다가와서 키스 했어.

· He approached me and kissed me

· Terry는 귀엽지만 아직 싱글이야.

· Terry is cute, but he is still single.

· 이 커피는 너무 뜨거워서 나중에 마실 거야.

· This coffee is very hot, so I'm going to drink it later.

Step 11. EXERCISE 1 진행형

1. 그 오리가 하늘을 날고 있어.
2. 그들이 나를 비웃고 있었니?
3. Mike는 샤워 하고 있었니? (take a shower)
4. 아무도 나를 보고 있지 않아.
5. 그는 왜 여기서 세시간동안 기타를 치고 있니?
6. 그들은 그 곳에서 사진을 안 찍고 있었어.
7. 그 아이들이 뭘 보고 있었니?
8. 너는 네 방을 청소하고 있니?
9. 그는 그이 아빠처럼 걷고 있었다.
10. 너는 지금 무엇을 하고 있니?

1. ______________________
2. ______________________
3. ______________________
4. ______________________
5. ______________________
6. ______________________
7. ______________________
8. ______________________
9. ______________________
10. ______________________

Step 11. EXERCISE 2 접속사

1. 네가 집에 오자마자 그 개가 널 물었니? (bite)
2. 네가 시간을 낭비했을 때 그는 슬펐어. (waste time)
3. 내가 사무실에 들어왔을 때 나의 상사는 먹고 있었어.
4. 운전하기 전에 안전벨트를 매세요. (fasten seatbelt)
5. 그는 마실 물이 필요없지만, 그는 항상 물을 끓여. (boil)
6. 나는 빨래를 하고 있을 거고, 누나는 설거지를 하고 있을 거야. (do the laundry / wash the dishes)
7. 내가 사과 껍질을 깎자 마자 그것은 노랗게 변했어. (peel)
8. 난 거짓말 한 후에 기분이 나쁘다. (lie)
9. 나는 농구하는 동안 하늘에서 이상한것을 봤어. (strange)
10. 그것은 위험하기 때문에 넌 많은 훈련이 필요해. (dangerous)
11. 나는 10kg 빠질 때까지 운동할 거야. (work out)
12. 그는 샤워할 때 마다 노래를 한다.

1. ______
2. ______
3. ______
4. ______
5. ______
6. ______
7. ______
8. ______
9. ______
10. ______
11. ______
12. ______

수동태 / 능동태

- 그 수업은 지루하다. (boring)
- 나는 지루하다. (bored)
- 그 영화는 신난다. (exciting)
- 그는 신난다. (excited)
- 그 일은 피곤했어. (tiring)
- 많은 아이들이 피곤했어. (tired)
- 그 게임은 흥미로울 거야. (interesting)
- 우리는 흥미로워 할거야. (interested)
- 그 뉴스는 놀라웠어. (surprising)
- 이 사람들 대부분이 놀랐어. (surprised)
- 그 사진은 충격적이야. (shocking)
- 5명 이상이 충격받았어. (shocked, 현재)

- The class is boring.
- I'm bored.
- The movie is exciting.
- He is excited.
- The work was tiring.
- Many children were tired.
- The game is going to be interesting.
- We are going to be interested.
- The news was surprising.
- Most of these people were surprised.
- The picture is shocking.
- More than 5 people are shocked.

수동태 / 능동태

· 나는 무서웠어 / 그 개가 (be scared of)

· I was scared of the dog.

· 나는 관심있어 / 유럽 역사에 (be interested in)

· I'm interested in European history.

· 그는 만족했어 / 그의 직업에 (be satisfied with)

· He was satisfied with his work.

· 나는 놀랐어 / 그 엄청난 결과에 (be surprised at)

· I was surprised at the great result.

· 그는 충격받을 거야 / 그녀의 사망에 (be shocked at)

· He's going to be shocked at her death.

· Jane은 침울했어 / 그녀의 실패에 (be depressed at)

· Jane was depressed at her failure.

수동태 / 능동태

· 그녀는 실망했어 / 그에게 (be disappointed with)

· She was disappointed with him.

· 나는 지루하다 / 나의 삶이 (be bored with)

· I'm bored with my life.

· Terry는 신났어 / 그 새로운 게임에 (be excited about)

· Terry's excited about the new game.

· 그들은 혼란스러울거야 / 이것에 관해 (be confused about)

· They're going to be confused about this.

· 그들은 질렸다 /이일에 (be tired of / be sick of)

· They're tired of / sick of this work.

Step 9. EXERCISE 1

1. 모두 그 뉴스에 놀랐어.
2. 너는 그 시험 결과에 충격 받았니?
3. 나는 이 음식에 만족하지 않아.
4. 그는 나에게 관심이 있니?
5. 나는 이 게임이 지루하다.
6. 우리 엄마는 나의 실패에 침울해 할거야.
7. Terry는 한국에서의 새로운 삶에 신났어.
8. 나는 그들의 역사가 너무 혼란스러워.
9. 너는 내가 무섭니?
10. 그에게 실망하지 마!
11. 난 너의 불평들에 질렸어.

1. ______________________________
2. ______________________________
3. ______________________________
4. ______________________________
5. ______________________________
6. ______________________________
7. ______________________________
8. ______________________________
9. ______________________________
10. ______________________________
11. ______________________________

수동태 / 능동태

· 나는 그 문을 닫았어.

· I **closed** the door.

· 그 문이 닫혀 있었어. (문 = 닫혀있다)

· The door **was closed**.

· 내가 그 책을 줄 거야 / Jane에게

· I going to give the book to Jane.

· 그 책은 주어 질 거야 / Jane에게

· The book is going to be given to Jane.

· 나는 Terry를 도왔어 / 어제

· I helped Terry yesterday.

· Terry는 도움을 받았어 / 어제

· Terry was helped yesterday.

· 내가 그 차를 팔았어 / 그저께

· I sold the car the day before yesterday.

· 그 차는 팔렸어 / 그저께

· ______________________________

· 내가 내 방을 청소했어 / 일주일에 2번

· I cleaned my room twice a week.

· 내 방이 청소되었어 / 일주일에 2번

· ______________________________

· 내가 그 아기를 돌본다.

· ______________________________

· 그 아기는 돌봄을 받는다.

· ______________________________

· 나는 그녀를 응시했어 / 그 거리에서

· ______________________________

· 그녀는 응시당했어 / 그 거리에서

· ______________________________

수동태 / 능동태

- 그 사람은 알려졌어 / 많은 사람들에게
- 그 편지는 쓰여졌어 / John에 의해
- 그가 죽임을 당했니? / 그의 보스에 의해
- 저 산은 항상 덮여 있어 / 눈으로
- 그의 마음은 항상 채워져 있어 / 사랑으로
- 그 이메일은 보내졌어 / (한) 잘못된 (다른) 사람에게
- 나는 태어났어 / 서울에서
- 그 건물은 지어 졌어 / 1950년에
- 그는 초대받아 / 그녀의 생일파티에 / 해마다
- 이 문이 보통 잠겨 있어요? / 10시에
- 그 돈은 도난 당했어요 / 여기 주변에서

- The person was known to many people.
- The letter was written by John.
- Was he killed by his boss?
- That mountain is always covered with snow.
- His heart is always filled with love.
- The e-mail was sent to a wrong person.
- I was born in Seoul.
- The building was built in 1950.
- He is invited to her birthday party every year.
- Is this door usually locked at 10?
- The money was stolen around here.

Step 9. EXERCISE 2

1. 그 역사는 그들에 의해 쓰여졌어.
2. 한국은 세계의 많은 사람들에게 알려졌어.
3. 내 스마트폰은이 강의실에서 도난 당했어요.
4. 이 문은 10시에 절대 안 잠겨 있어요.
5. 이 컵은 주로 얼음으로 채워져 있어.
6. 그 셔츠는 5월에 나의 남동생에게 보내졌어.
7. 당신은 미국에서 태어났나요?
8. 그 파리 (the fly)는 죽임을 당했어.
9. 저 건물이 너의 아빠에 의해 지어졌니?
10. 그 캔디는 설탕으로 덮여 있어.
11. 난 초대받지 않았어.

1. ____________________
2. ____________________
3. ____________________
4. ____________________
5. ____________________
6. ____________________
7. ____________________
8. ____________________
9. ____________________
10. ____________________
11. ____________________

ENGLISH TEXTBOOK

to 부정사 / 동명사

· 요점은 / 바꾸는 것 이야. / 그것을	· The point is **to change it.**
· 문제는 / 설득하는 거야. / 우리 엄마를	· The problem is to convince my mom.
· 나의 목표는 / 결혼하는 거야. / 좋은 어떤 사람과	· My goal is to marry someone nice.
· 그의 우선순위는 / 행복 하기야. / 그의 가족과	· His priority is to be happy with his family.

· 그들을 설득하는 것은 어려워.	가주어 · *It* is hard **to convince him.**
· 그 진실을 말하지 않는 것은 어려웠어.	· It was hard not to tell the truth.
· 영어를 배우는 것은 필요해요.	· It 's necessary to learn English.
· 수영하는 것은 안전하지 않았어요 / 여기에서	· It was not safe to swim here.
· 얼마나 걸리니? / 너의 숙제를 끝내는 것이	· how long does it take to finish your homework?
· 이 스마트폰을 사용하는 것은 어려워?	· Is it hard to use this smartphone?

to 부정사 / 동명사

- 나는 즐긴다 / TV 보는 것을
- 그들은 즐기지 않았어 / 춤추는 것을
- 그들은 연습한다 / 피아노 치는 것을
- 그는 제안했어 / Terry와 함께 영화 볼 것을
- 그는 유지했어 (계속) / 웃는 것을
- 그들은 연습한다 / 피아노 치는 것을
- 계속 진행해라!

- I enjoy **watching TV**.
- They didn't enjoy dancing.
- They practice playing the piano.
- He suggested watching a movie with Terry.
- He kept smiling.
- They practice playing the piano.
- Keep going!

- 책을 읽는 것은 재밌어 .
- 아침을 먹는 것은 중요해 .
- 아침에 학교에 가는 것은 스트레스야 .
- 무대에서 노래를 부르는 것이 내 꿈이야 .

가주어 it 없이 동명사를 주어로 씀

- **Reading** a book is fun.
- Eating breakfast is important.
- Going to school in the morning is stressful.
- Singing on the stage is my dream.

to 부정사 / 동명사

try + to부정사

He tried to open the door.

그는 그 문을 열려고 애썼다.

try + 동명사

He tried opening the door.

그는 그 문을 열려고 한 번 시도해 보았다.

remember + to부정사

Remember to turn off the light!

불 끌 것을 기억해라!

remember + 동명사

I don't remember turning off the light.

불 끈 것이 기억이 안나요.

forget + to부정사

Don't forget to practice the piano!

피아노 연습할 것을 잊지 마!

forget + 동명사

I'm not going to forgethaving dinner with you.

당신과 저녁 식사 한 것을 잊지 않을 거에요.

stop + to부정사

He stopped to talk to me.

그는 나와 이야기 하려고 멈췄다.

stop + 동명사

He stoppedtalking to me.

그는 나와 이야기 하는 것을 멈췄다.

Step 12. EXERCISE

1. 그는 항상 그 기사를 읽은 것을 잊어버린다.
2. 그들은 그 가방을 들려고 애썼다.
3. 그는 그 개를 구하기 위해 차를 멈췄다.(rescue)
4. 나는 술 마시는 것을 멈췄다.(drink)
5. 그는 창문 닫은 것을 기억한다.
6. 많은 사람들은 그들이 나갈 때 불 끄는 것을 잊어요.
7. 너는 작년에 그들에게 카드 보낸 것을 기억하니?
8. 너는 고작 게임을 하기 위해 공부 하는 것을 멈췄니?
9. 나는 너와 그 캠프에 간 걸 잊었어.
10. 이 차를 한번 밀어 보자.

1. ______________________________
2. ______________________________
3. ______________________________
4. ______________________________
5. ______________________________
6. ______________________________
7. ______________________________
8. ______________________________
9. ______________________________
10. ______________________________

인사말

- Hello, how are you?
- How (are) you doing?
- How's it going?

  - How (are) you going?

- What's up?

- I'm fine, thank you. And you?
- Okay.
- Same old, same old.
- Can't complain.

있잖아…

- Look. / Listen.

- Guess what.

- I'll tell you what.

- You know what?

- Here's the thing.

바로 그거야

- **You got it!**
- **That 's it!**
- **There you go!**
- **You got that right.**
- **Right on.**

몇 시입니다.

- 1시 (정각)입니다. • **It 's one (o'clock)**
- 3시 20분입니다. • **It 's three twenty**
- 6시 05분입니다. • **It 's six o - five.**
- 12시 15분 전입니다. • **It 's quarter to twelve.**
- 10시 30분 후입니다. • **It 's half past ten.**

O'clock
five past
ten past
quarter past
twenty past
twenty five past
half past
twenty five to
twenty to
quarter to
ten to
five to

어쩌겠어…

- **What can you do?**
- **It happens all the time.**
- **Everything happens for a reason.**
- **Go with the flow.**
- **Well, shit happens.**

사진 촬영

- Excuse me. Can you do me a favor?

- Could you take a picture of me(us)?

- Do you mind taking a picture of me(us)?

  \- Sure. / Sorry, I'm in a hurry.

- Could I take pictures here?

오랜만이야~

- **Long time no see!**

- **Look who's here!**

- **It 's been ages!**

- **You haven't changed a bit.**

- **What a small world!**

조심해!

- **Watch out! (Look out!)**
- **Watch your step.**
- **Watch your language.**
- **Watch your back.**
- **Be careful what you wish for.**

콩글리시

- **cyder** (사이다) → 사과맛 음료
- **cunning** (컨닝) → **cheating**
- **hand phone** (핸드폰) → **cell phone**
- **health** (헬스) → **exercise / work out / lift weights**
- 헬스장 → **gym**
- **aircon** (에어컨) → **air conditioner**
- **remotcon** (리모컨) → **remote control**
- **apart** (아파트) → **apartment / flat** (영국식)
- **solo** (솔로) → **single**
- **SNS** → **social media**
- **A/S** → **customer service**

진짜야 ~!?

- **I swear (to god).**
- **I'm telling you!**
- **I'm serious.**
- **I mean it.**
- **Are you serious? / Seriously?**

헤어질 때

- Good bye.
- See you later. / Catch you (ya) later.
- See you around.
- It was nice talking to you.
- I should get going.
- Keep in touch.

☆필수 불규칙 동사 변화표 #1~50 ☆ 〈Treasures English〉

	원형	뜻	과거	과거분사		원형	뜻	과거	과거분사
1	be	이다/있다	was/were	been	26	fight	싸우다	fought	fought
2	become	~되다	became	become	27	find	발견하다	found	found
3	begin	시작하다	began	begun	28	fit	적합하다	fit	fit
4	bend	구부리다	bent	bent	29	fly	날다	flew	flown
5	bite	물다	bit	bitten	30	forget	잊어버리다	forgot	forgotten
6	blow	불다	blew	blown	31	forgive	용서하다	forgave	forgiven
7	break	부수다	broke	broken	32	freeze	얼다	froze	frozen
8	bring	가져오다	brought	brought	33	get	얻다	got	gotten
9	broadcast	방송하다	broadcast	broadcast	34	give	주다	gave	given
10	build	건설하다	built	built	35	go	가다	went	gone
11	buy	사다	bought	bought	36	grow	성장하다	grew	grown
12	catch	잡다	caught	caught	37	hang	매달다	hung	hung
13	choose	선택하다	chose	chosen	38	have	가지고 있다	had	had
14	come	오다	came	come	39	hear	듣다	heard	heard
15	cost	비용이 들다	cost	cost	40	hide	숨기다	hid	hidden
16	cut	자르다	cut	cut	41	hit	때리다	hit	hit
17	dig	파내다	dug	dug	42	hold	들고 있다	held	held
18	do	하다	did	done	43	hurt	다치다	hurt	hurt
19	draw	그리다	drew	drawn	44	keep	간직하다	kept	kept
20	drink	마시다	drank	drunk	45	know	알다	knew	known
21	drive	운전하다	drove	driven	46	lay	놓다	laid	laid
22	eat	먹다	ate	eaten	47	lead	인도하다	led	led
23	fall	떨어지다	fell	fallen	48	leave	떠나다	left	left
24	feed	먹이다	fed	fed	49	lend	빌려주다	lent	lent
25	feel	느끼다	felt	felt	50	let	허락하다	let	let

☆필수 불규칙 동사 변화표 #51~100 ☆ 〈Treasures English〉

	원형	뜻	과거	과거분사		원형	뜻	과거	과거분사
51	lie	눕다	lay	lain	76	slide	미끄러지다	slid	slid
52	light	점화하다	lit	lit	77	speak	말하다	spoke	spoken
53	lose	잃어버리다	lost	lost	78	spend	소비하다	spent	spent
54	make	만들다	made	made	79	spread	펼치다	spread	spread
55	mean	의미하다	meant	meant	80	stand	서 있다	stood	stood
56	meet	만나다	met	met	81	steal	훔치다	stole	stolen
57	pay	지불하다	paid	paid	82	stick	붙이다	stuck	stuck
58	put	놓다	put	put	83	strike	때리다	struck	struck
59	quit	그만두다	quit	quit	84	swear	맹세하다	swore	sworn
60	read	읽다	read	read	85	sweep	쓸다(빗자루)	swept	swept
61	ride	타다	rode	ridden	86	swim	수영하다	swam	swum
62	ring	울리다	rang	rung	87	take	가지고 가다	took	taken
63	rise	상승하다	rose	risen	88	teach	가르치다	taught	taught
64	run	달리다	ran	run	89	tear	찢다	tore	torn
65	say	말하다	said	said	90	tell	말하다	told	told
66	see	보다	saw	seen	91	think	생각하다	thought	thought
67	sell	팔다	sold	sold	92	throw	던지다	threw	thrown
68	send	보내다	sent	sent	93	understand	이해하다	understood	understood
69	set	설정하다	set	set	94	upset	뒤엎다	upset	upset
70	shake	떨리다	shook	shaken	95	wake	잠을 깨다	woke	woken
71	shoot	발사하다	shot	shot	96	wear	착용하다	wore	worn
72	shut	닫다	shut	shut	97	win	이기다	won	won
73	sing	노래하다	sang	sung	98	wind	감다	wound	wound
74	sit	앉다	sat	sat	99	withdraw	철수하다	withdrew	withdrawn
75	sleep	잠자다	slept	slept	100	write	쓰다	wrote	written

ENGLISH TEXTBOOK

초판 1쇄 발행 2023년 8월 25일
2판 1쇄 발행 2025년 2월 10일

저 자 Seung Wook (Terry) Han
펴낸이 임 순 재
펴낸곳 (주)한올출판사
등 록 제11-403호
주 소 서울시 마포구 모래내로 83(성산동 한올빌딩 3층)
전 화 (02) 376-4298(대표)
팩 스 (02) 302-8073
홈페이지 www.hanol.co.kr
e-메일 hanol@hanol.co.kr
ISBN 979-11-6647-529-0

ENGLISH TEXTBOOK